sukuu - школа   2
akwantuo - подорож   5
akɔneabadie - транспорт   8
kuro kɛseɛ - місто   10
mmɔnten so asiesie - ландшафт   14
adidibea - ресторан   17
sotɔɔpɔn - супермаркет   20
nsa - напої   22
aduane - їжа   23
afuo - ферма   27
efie - дім   31
asaso - вітальня   33
mukaase - кухня   35
adwareɛ - ванна кімната   38
nkwadaa dan mu - дитяча кімната   42
ntaadeɛ - одяг   44
asoeɛ - офіс   49
ɔman sikasɛm - економіка   51
nwuma ahodoɔ - професії   53
anwenade - інструменти   56
nneɛma a yɛde bɔ nwom - музичні інструменти   57
zoo - зоопарк   59
agokansie - спорт   62
nwumadie - дії   63
abusua - сім'я   67
nipadua - тіло   68
ayaresabea - лікарня   72
putupru - аварійний випадок   76
Ewiase - Земля   77
klɔko - годинник   79
nnawɔtwe - тиждень   80
afe - рік   81
abosuo - форми   83
ahosoɔ - фарби   84
abirabɔ - протилежності   85
nɔma - числа   88
kasa ahodoɔ - мови   90
hwan / deɛ bɛn / ɛyɛ deɛn - хто / що / як   91
ɛhen - де   92

Impressum
Verlag: BABADADA GmbH, Nedderfeld 112 , 22529 Hamburg
Geschäftsführer / Verlagsleitung: Harald Hof
Druck: Books on Demand GmbH, In de Tarpen 42, 22848 Norderstedt

Imprint
Publisher: BABADADA GmbH, Nedderfeld 112 , 22529 Hamburg, Germany
Managing Director / Publishing direction: Harald Hof
Print: Books on Demand GmbH, In de Tarpen 42, 22848 Norderstedt, Germany

sukuu

школа

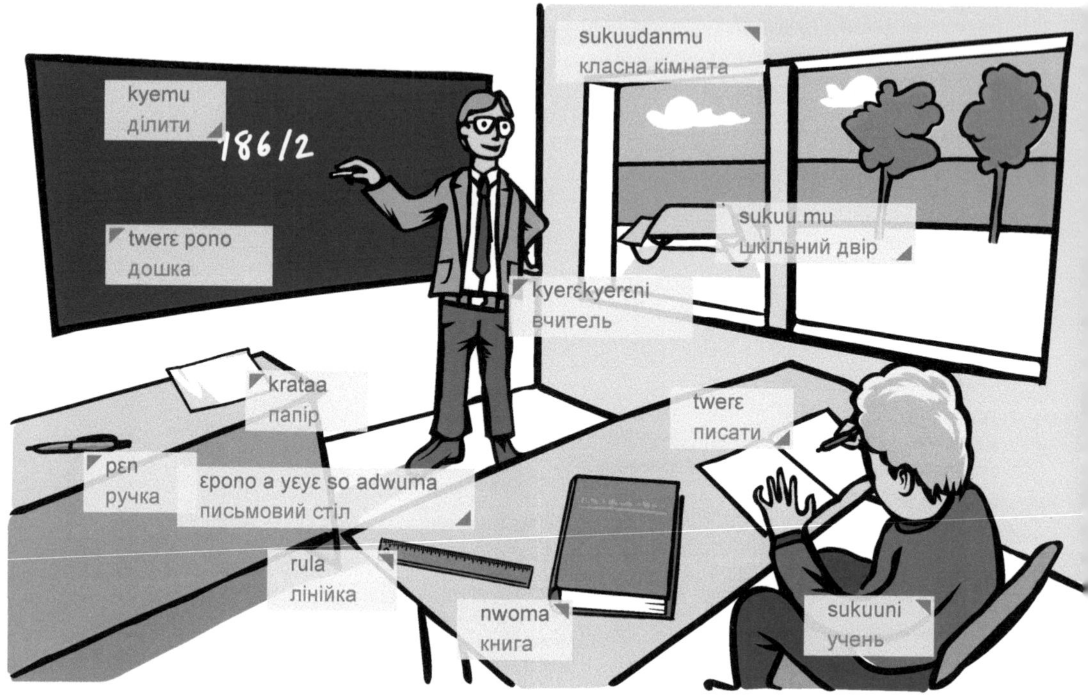

sukuudanmu
класна кімната
kyemu
ділити
186/2
twerɛ pono
дошка
sukuu mu
шкільний двір
kyerɛkyerɛni
вчитель
krataa
папір
twerɛ
писати
pɛn
ручка
ɛpono a yɛyɛ so adwuma
письмовий стіл
rula
лінійка
nwoma
книга
sukuuni
учень

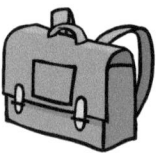

baage

ранець

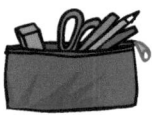

twerɛdua konko

пенал

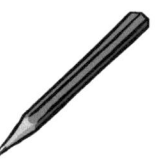

twerɛdua

олівець

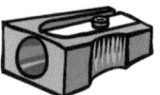

deɛ yɛde sensen twerɛdua ano

точило

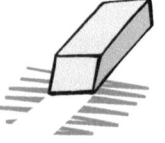

rɔba

гумка

krataa a yɛdwi adeguso

альбом для малювання

adedwie

малюнок

penti brɔhye

пензель

penti adaka

коробка фарб

apasɔɔ

ножиці

aman

клей

nwoma a yɛyɛ mu adwuma

зошит

efie adwuma

домашнє завдання

nɔma

число

kabom

додавати

te fri mu

віднімати

mmɔho

множити

sese

рахувати

lɛtɛ

літера

ntwerɛeɛ

абетка

asɛmfua

слово

ntwerɛdeɛ

текст

kenkan

читати

kyɔk

крейда

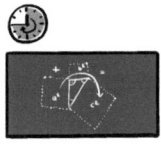

adesua

година

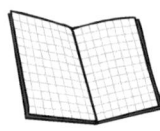

twerɛ wo din

класний журнал

nsɔhwɛ

екзамен

abodinkrataa

диплом

sukuu ataadeɛ

шкільна форма

adesua

освіта

nyansa nwoma

лексикон

suapɔn

університет

maakroskop

мікроскоп

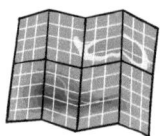

map

карта

kɛntɛn a yɛde krataa nwura
gu mu

кошик для паперу

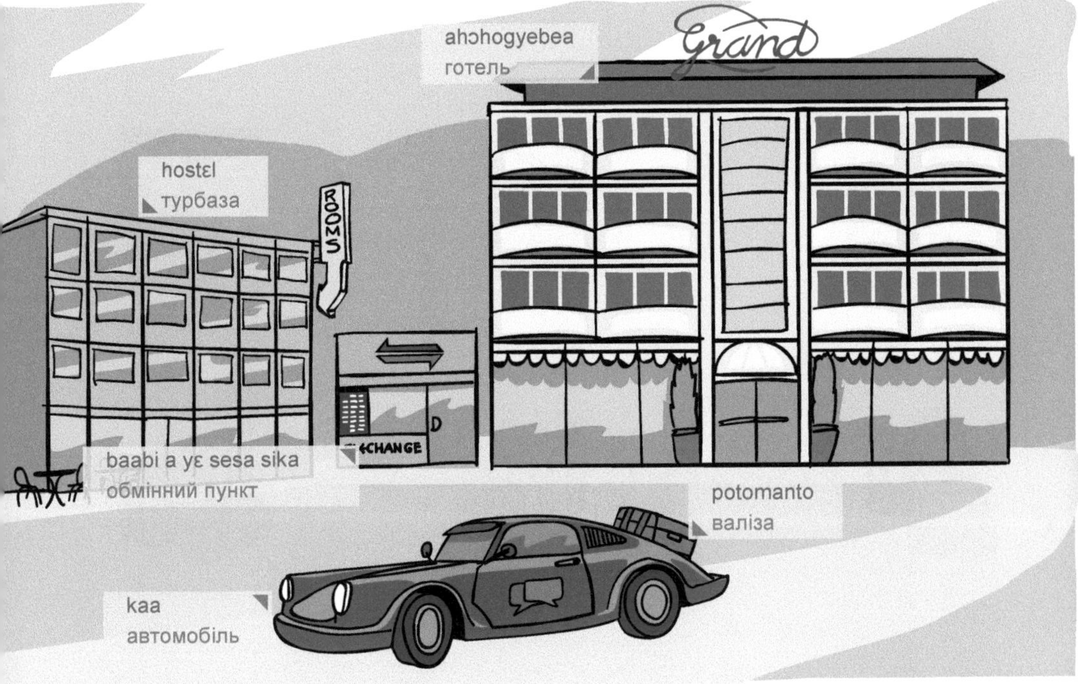

ahɔhogyebea
готель
Grand
hostɛl
турбаза
ROOMS
baabi a yɛ sesa sika
обмінний пункт
potomanto
валіза
kaa
автомобіль

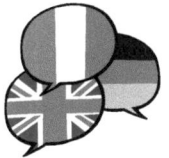

kasa

мова

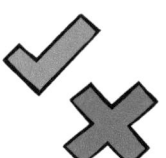

aane / dabi

так / ні

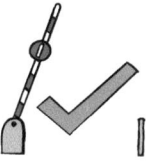

Yoo

добре

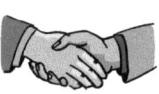

hɛlo

привіт

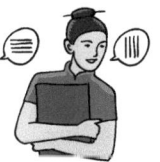

kasa asekyerɛfoɔ

перекладач

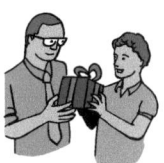

Medaase

дякую

...bɔɔ yɛ sɛn?

Скільки коштує ...?

Me nte aseɛ

Я не розумію

ɔhaw

проблема

Maadwo!

Добрий вечір!

Maakye!

Доброго ранку!

Dayie!

На добраніч!

baibai o

До побачення

akwankyerɛ

напрямок

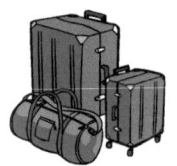

wo nneɛma

багаж

bɔtɔ

сумка

akyirebɔtɔ

рюкзак

ɔhɔhoɔ

гість

danmu

кімната

bɔtɔ a yɛda mu

спальний мішок

ntomadan

намет

nsɛm dema wɔn a wɔkɔ nsrahwɛ

туристична інформація

mpoano

пляж

kaade a yɛde yi sika

кредитна картка

anɔpa aduane

сніданок

awua aduane

обід

anwumerɛ aduane

вечеря

tiket

квиток

pegya

ліфт

stamp

поштова марка

ɛhyeɛ so

межа

kutɔmfoɔ

митниця

embasi

посольство

visa

віза

passpɔt

паспорт

akɔneabadie

транспорт

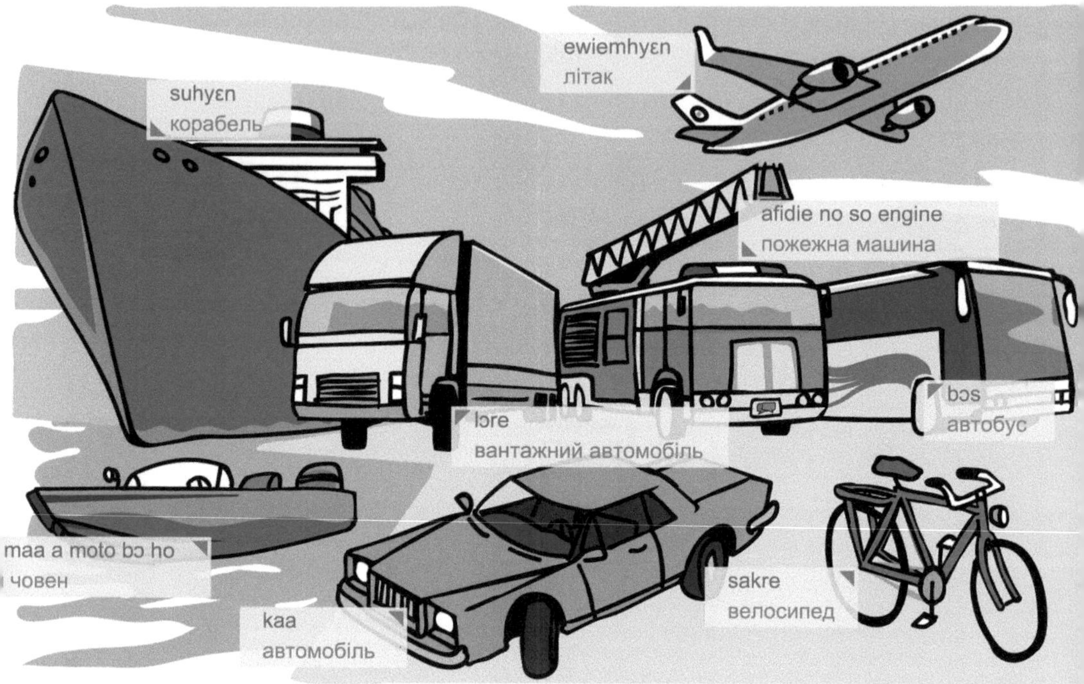

suhyɛn
корабель

ewiemhyɛn
літак

afidie no so engine
пожежна машина

bɔs
автобус

lɔre
вантажний автомобіль

maa a moto bɔ ho
човен

sakre
велосипед

kaa
автомобіль

hyɛma

пором

suhyɛn kumaa

човен

motosakre

мотоцикл

polisifoɔ kaa

поліцейська машина

kaa a ɛkɔ mirika akansie

гоночний автомобіль

kaa a yɛde ma ahan

автомобіль на прокат

wɔre kyɛ kaa

спільне користування авто

ɔre a asɛɛɛ

евакуатор

bɔɔla kaa

сміттєвоз

moto

двигун

pɛtro

паливо

baabi a yɛbu pɛtro

автозаправна станція

trafik ahyɛnsodeɛ

дорожній знак

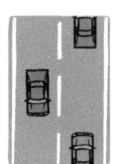

trafik

рух

trafik akye

затор

baabi a yɛde kaa esi

стоянка

keteke gyinabea

вокзал

keteke kwan

рейки

keteke

потяг

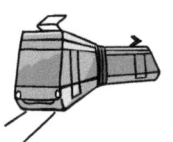

tram

трамвай

ponkɔ kaa

вагон

helikopta

гелікоптер

ewiemhyɛnbea

аеропорт

abansoro

вежа

apasingyani

пасажир

tontowa

контейнер

adaka

коробка

kaate

візок

kɛntɛn

кошик

atu / asi fam

стартувати / приземлятися

kuro kɛseɛ

місто

akurase

село

kuro dwaberɛ mu

центр міста

efie

дім

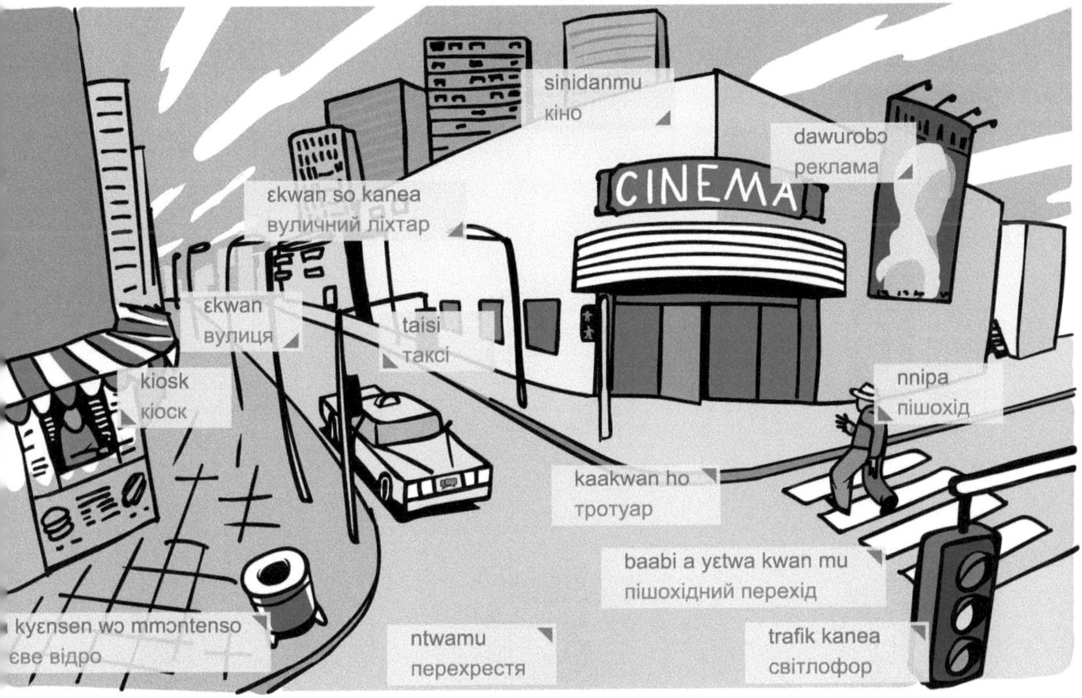
sinidanmu
кіно
dawurobɔ
реклама
CINEMA
ɛkwan so kanea
вуличний ліхтар
ɛkwan
вулиця
taisi
таксі
kiosk
кіоск
nnipa
пішохід
kaakwan ho
тротуар
baabi a yɛtwa kwan mu
пішохідний перехід
kyɛnsen wɔ mmɔntenso
єве відро
ntwamu
перехрестя
trafik kanea
світлофор

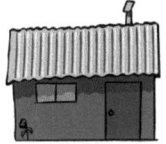

apata

хатина

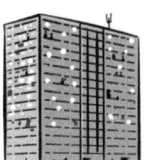

efie

квартира

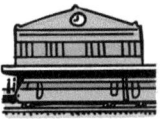

keteke gyinabea

вокзал

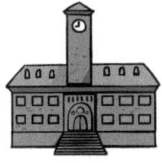

adwaberɛm

ратуша

MUSEUM
bea a yɛ kora tete nneɛma

музей

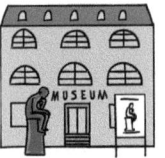

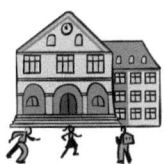

sukuu

школа

suapɔn

університет

sikakrobea

банк

ayaresabea

лікарня

ahɔhogyebea

готель

famasi

аптека

asoeɛ

офіс

sotɔ a wɔtɔn nwoma

книжковий магазин

sotɔ

магазин

baabi yɛtɔn nhwiren

квітковий магазин

sotɔɔpɔn

супермаркет

edwam

ринок

sotɔ kɛseɛ

універмаг

baabi a yɛtɔn mpataa

торговець рибою

dwadibea kɛseɛ

торговельний центр

suhyɛn gyinabea

гавань

baabi kaa gyina

парк

bɛnkye

лава

ɛtwene

міст

atwedeɛ

сходи

asaase ase

метро

ɛbɔn

тунель

baabi a bɔs gyina

автобусна зупинка

nsanombea

бар

adidibea

ресторан

lɛta adaka

поштова скринька

ɛkwan so akwankyerɛ

вулична табличка

baabi kaa gyina ho mita

лічильник паркування

zoo

зоопарк

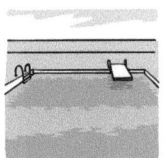

nsuo a yɛ dware mu

басейн

nkramodan

мечеть

afuo

ферма

deε egu mmɔnten so fi

забруднення навколишнього середовища

asieε

кладовище

asɔre

церква

agodibea

дитячий майданчик

asɔre dan

храм

mmɔnten so asiesie
ландшафт

ahaban
листок

sanbɔd
вказівний стовп

kwan
шлях

asaase a εsere wɔ so
луг

boba
камінь

dua
дерево

ɔnantefoɔ
мандрівник

asubɔnten
річка

εsereε
трава

nhwiren
квітка

amenamu

долина

bepɔ

гора

tadeɛ

озеро

kwaeɛ

ліс

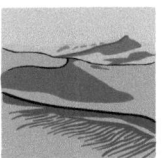

ɛserɛ so

пустеля

egya a efri botan mu

вулкан

abankɛseɛ

замок

nyankontɔn

веселка

emere

гриб

abɛtene

пальма

ntomntom

комар

tu

муха

ntɛtea

мурашка

wowa

бджола

ananse

павук

amankuo

жук

apɔnkyerɛni

жаба

opuro

вивірка

apɛsɛ

їжак

adanko

заєць

patuo

сова

anomaa

птах

nsuo mu dabodabo

лебідь

kɔkɔte

кабан

adoa

олень

ɔtweenini

лось

dam

гребля

wind turbine afidie

вітряк

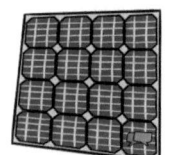

afidie a ɛkye awia

сонячний модуль

wiem nsakraeɛ

клімат

ɔsom adidieɛ
офіціант

aduane a ɛwɔ hɔ
меню

akonwa
стілець

nkwan
суп

pisa
піца

ntoma a ɛse pono so
скатертина

ntere a yɛde didi
столові прилади

mprampra anom

закуска

aduane no ankasa

друга страва

mpa anom

десерт

nsa

напої

aduane

їжа

toa

пляшка

aduane hyewhyew

фаст-фуд

abɔnten so aduane

вулична їжа

tii kukuo

чайник

asikyire konko

цукорниця

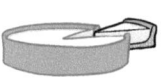

wo kyɛfa

порція

espresso afidie

еспресо-машина

akonwa tenten

високий стільчик

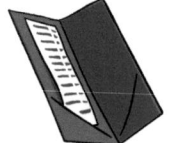

wo ka

рахунок

apanpan

піднос

sekan

ніж

adinam

вилка

atere

ложка

atere ketewa

чайна ложка

napkin a yɛde pepa ano

серветка

glase

склянка

prɛte

тарілка

kwan kyɛnsee

тарілка для супу

prɛte ketewa

блюдце

abomu

соус

nkyene kukuo

солонка

yɛde yam mako

млин для перцю

fenega

оцет

anwa

масло

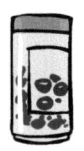

aduhwam

спеції

kɛkyɔr

кетчуп

mustad

гірчиця

mayones

майонез

sotɔɔpɔn

супермаркет

ntesoɔ soronko
пропозиція
FOR
adetɔfoɔ
клієнт
nanatwie nufusuo
молочні продукти
aduaba
фрукти
hwiili
візок для покупок

BUTCHERS

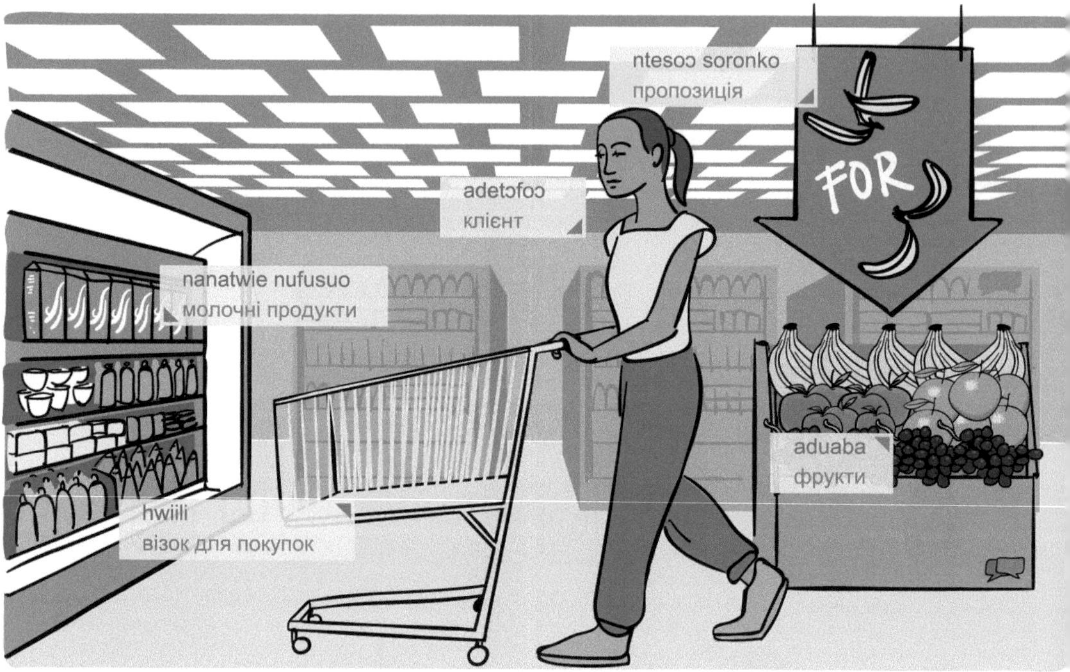

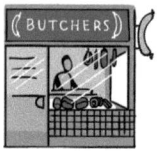

baabi a yɛtɔn nam

м'ясний магазин

BAKERY

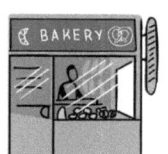

baabi a yɛtɔn paano

пекарня

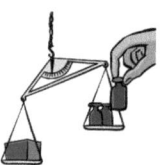

susu

зважувати

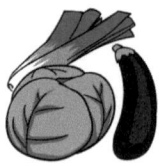

atosodeɛ

овочі

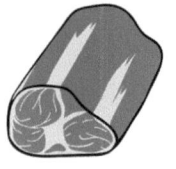

nam

м'ясо

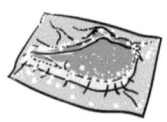

frigyemu aduane

заморожені продукти

nam a adwoɔ

ковбасна нарізка

kyɛnsee mu aduane

консерви

paoda samena

пральний порошок

adedɔkɔdɔkɔ

солодощі

efie nneɛma

предмети домашнього побуту

adetɔneɛ a yɛde pepa fin

мийний засіб

nnipa a ɔtɔn adeɛ

продавщиця

afidie a egye sika

каса

ɔgyegye sika

касир

krataa a wodi rekɔ di dwa

список покупок

berɛ a wɔde bua

часи роботи

sikabɔtɔ

гаманець

kaade a yɛde yi sika

кредитна картка

baage

сумка

rɔba baage

поліетиленовий пакет

nsuo

вода

aduaba mu nsuo

сік

nufusuo

молоко

kok

кола

wain nsa

вино

biya

пиво

mmorosa

алкоголь

kokoo

какао

tii

чай

kofe

кава

espresso

еспресо

kapukyino

капучіно

kwadu

банан

apol

яблуко

ankaa

апельсин

melon

кавун

akutɔ

лимон

karɔt

морква

garlik

часник

pampro

бамбук

gyeene

цибуля

mmere

гриб

nkateɛ

горішки

talia

локшина

spageti

спагеті

ɛmo

рис

salad

салат

kyipis

картопля фрі

abrɔdwomaa a y'akye

смажена картопля

pisa

піца

hambɔga

гамбургер

sanwekye

бутерброд

nam a dompe nnim

шніцель

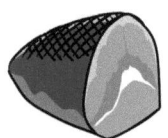

preko nam

шинка

nam a y'ahata

салямі

sɔsege

ковбаса

akokɔ

курка

toto

печеня

apataa

риба

oosu koko

вівсяні пластівці

muesli

мюслі

konflese

кукурудзяні пластівці

esam

борошно

krossant

круасан

paano a y'abobɔ

булочка

paano

хліб

paano a y'atoto

тостовий хліб

biskete

печиво

bɔta

масло

nufusuo a ada

сир

keeke

пиріг

kosua

яйце

kosua a y'akyeɛ

яєчня

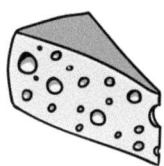

kyiis

сир

asskrim

морозиво

asikyire

цукор

εwoɔ

мед

gyaam

мармелад

kyokolete

нуга-крем

kɔri

карі

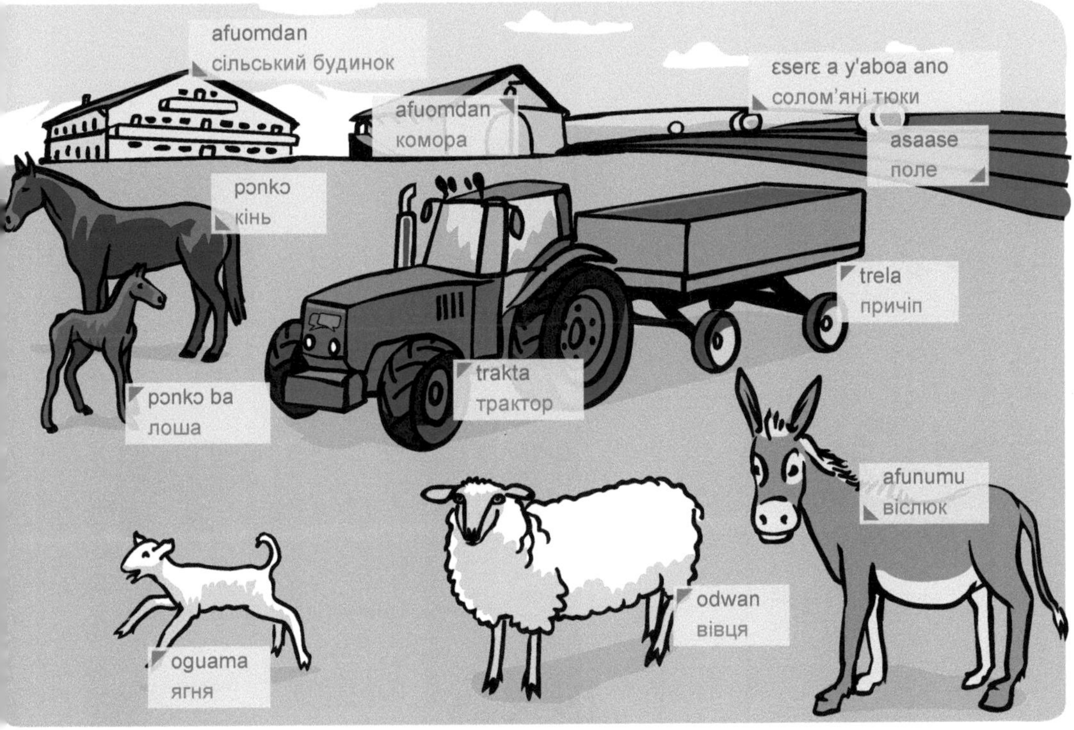

afuomdan
сільський будинок

afuomdan
комора

ɛserɛ a y'aboa ano
солом'яні тюки

asaase
поле

pɔnkɔ
кінь

trela
причіп

pɔnkɔ ba
лоша

trakta
трактор

afunumu
віслюк

odwan
вівця

oguama
ягня

apɔnkye

коза

nantwie

корова

nantwie ba

теля

prɛko

свиня

prɛko ba

порося

nantwinini

бик

dabodabo nua

гусак

dabodabo

качка

akokɔba

курча

akokɔbedeɛ

курка

akokɔnini

півень

kusie

щур

ɔkra

кіт

akura

миша

nantwinini

віл

kraman

собака

kraman buo

собача будка

afuom drobɛn

садовий шланг

tontora a yɛde gu nsuo

лійка

sekan a yɛde twa aburo

коса

funtum dadeɛ

плуг

kɔntɔnkrɔ

серп

asɔ

мотика

afuom adinam

вила

akuma

сокира

hweebaro

тачка

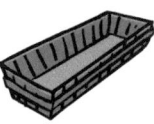

adidika

корито

nufusuo konko

бідон молока

bɔtɔ

мішок

ɛban

паркан

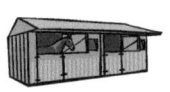

pɔnkɔ dan

хлів

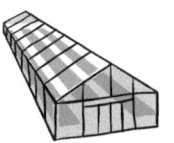

ntomadan a yɛyɛ mu afuo

теплиця

anwea

ґрунт

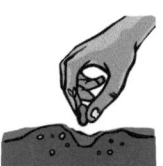

aba

насіння

ɔyɛ asaaseyie

добриво

otwaberɛ trakta

комбайн

afuo - ферма

twa

пожинати

otwaberɛ

урожай

bayerɛ

корінь ямсу

ayuo

пшениця

soya

соя

abrɔdwomaa

картопля

aburo

кукурудза

repu aba

ріпак

dua a ɛso aba

плодове дерево

bankye

маніок

aburo asefoɔ

злаки

afuo - ферма

efie
дім

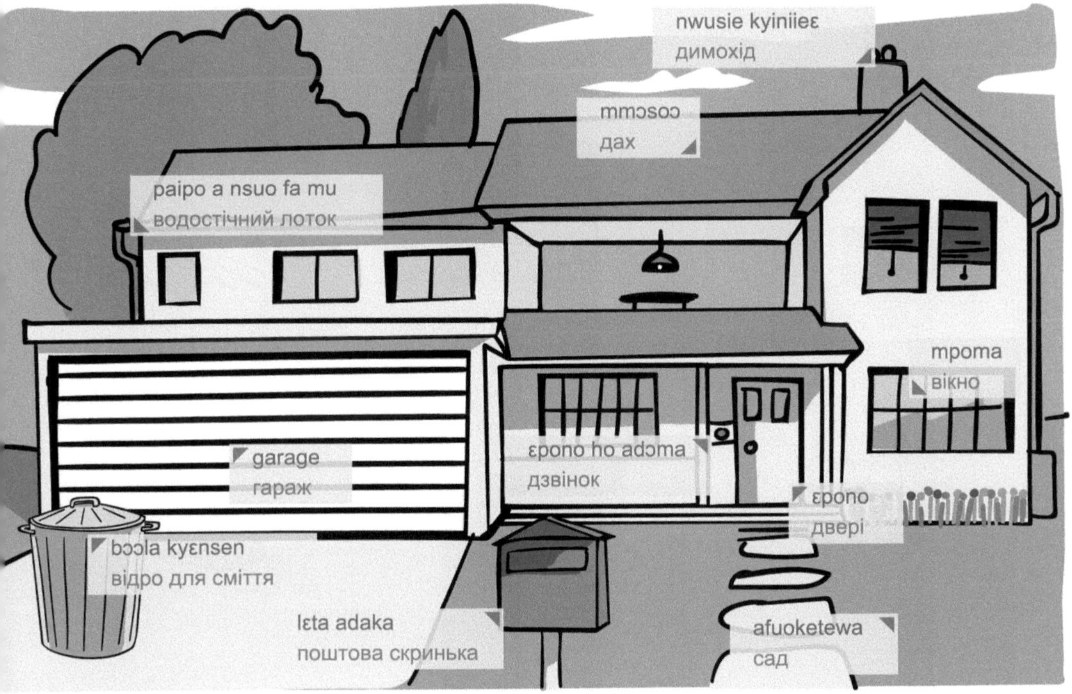
nwusie kyiniieɛ
димохід
mmɔsoɔ
дах
paipo a nsuo fa mu
водостічний лоток
mpoma
вікно
garage
гараж
ɛpono ho adɔma
дзвінок
ɛpono
двері
bɔɔla kyɛnsen
відро для сміття
lɛta adaka
поштова скринька
afuoketewa
сад

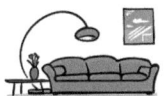

asaso

вітальня

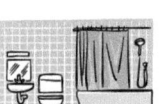

adwareɛ

ванна кімната

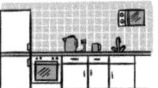

mukaase

кухня

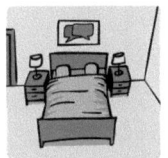

pie mu

спальня

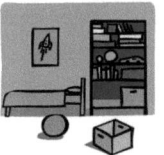

nkwadaa dan mu

дитяча кімната

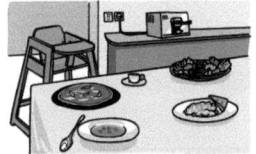

dan a yɛdidi mu

їдальня

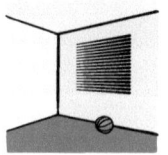

εfam

підлога

εban

стіна

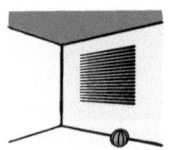

abruuso

стеля

danbloo

підвал

adwereε a εbɔ ɔhyew

сауна

abranaa

балкон

abranaaso

тераса

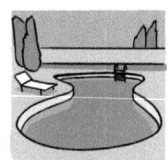

nsuo a yεdware mu

басейн

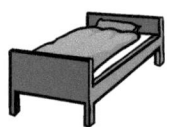

afidie a yεde dɔ

косарка

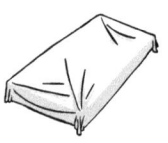

nsεfam

простирало

ntoma a εse kεtε so

ковдра

mpa

ліжко

prayε

мітла

bokiti

відро

dane

перемикач

asaso

вітальня

kirataa a ɛfam dan ho
шпалери
nfonin
малюнок
kanea
лампа
kɔbɔd
поличка
kɔbɔd adaka
шафа
tiivi
телевізор
egya dabrɛ
камін
nhwiren
квітка
kuhyɛn
подушка
akonwa kɛseɛ
диван
kukuo a nhwiren hye mu
ваза
remote
пульт

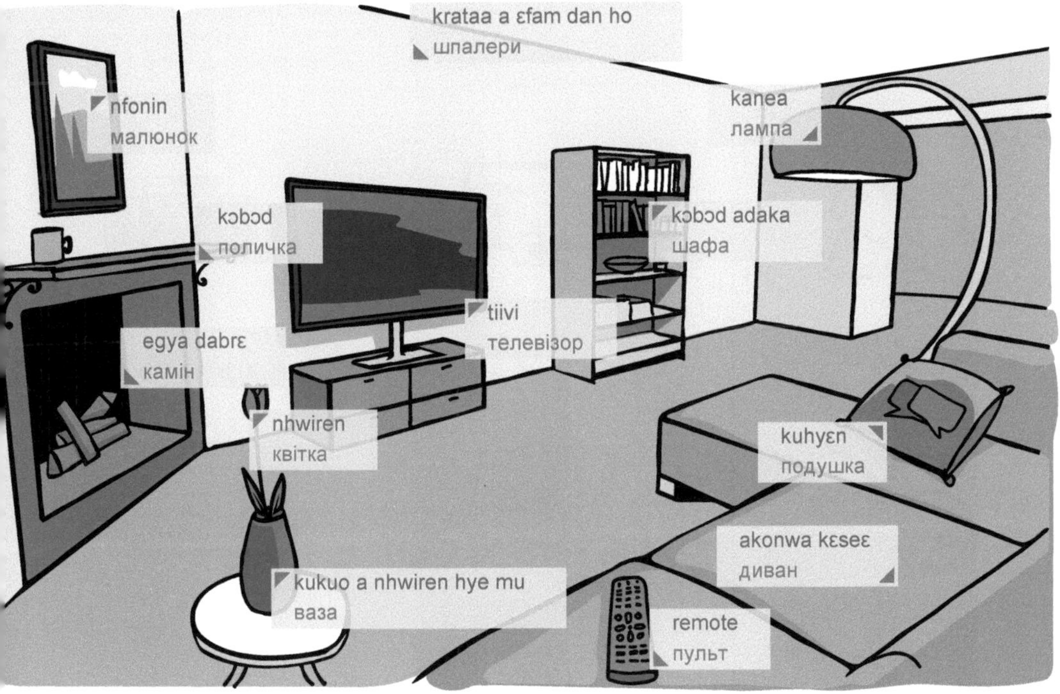

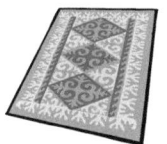

kapɛte

килим

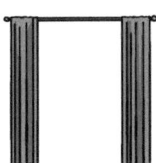

ntwaa dan mu

завіса

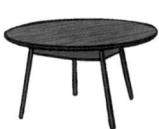

ɛpono

стіл

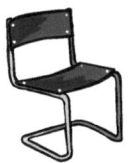

akonwa

стілець

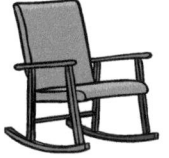

akonwa a ehinhim

крісло-гойдалка

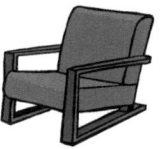

akonwa a yɛgyegye dan

крісло

nwoma

книга

kuntu

ковдра

dan mu nsiesie

прикраса

egya

дрова

sini

фільм

wailɛs

стереосистема

safoa

ключ

koowaa krataa

газета

nfonin a y'adwi

картина

nfam danho

плакат

radio

радіо

krataa a yɛ twere mu

блокнот

afidie a ɛprapra

пилосос

kaktus

кактус

kyɛnere

свічка

mukaase
кухня

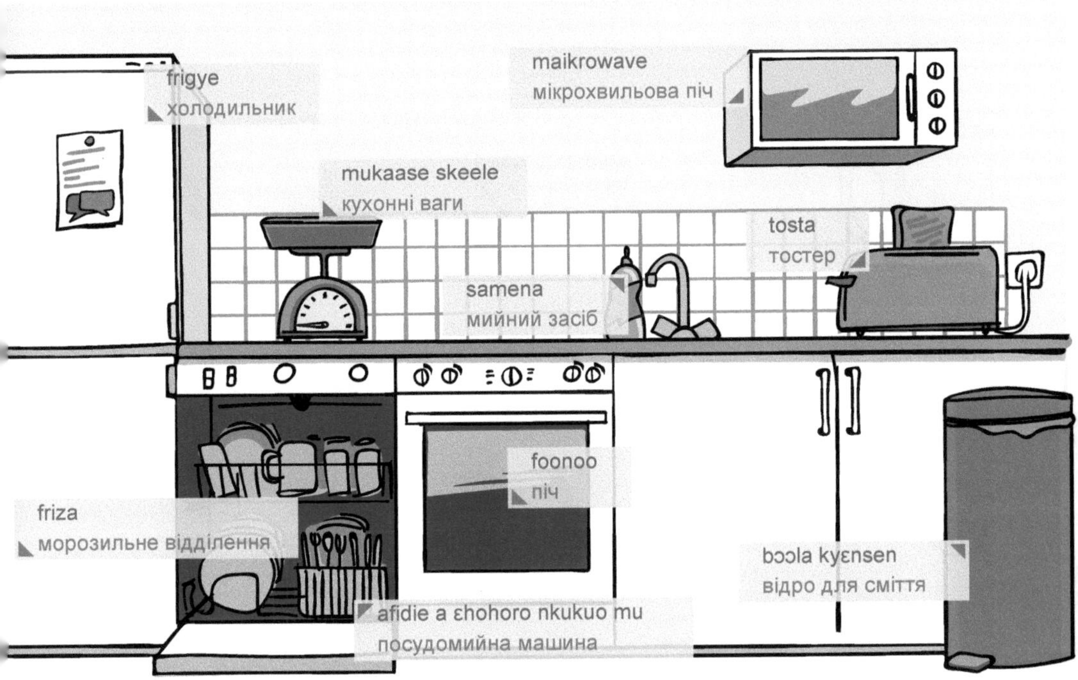
frigye
холодильник
maikrowave
мікрохвильова піч
mukaase skeele
кухонні ваги
tosta
тостер
samena
мийний засіб
foonoo
піч
friza
морозильне відділення
bɔɔla kyɛnsen
відро для сміття
afidie a ɛhohoro nkukuo mu
посудомийна машина

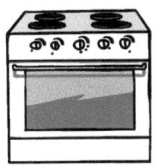

abɛɛfo bukyea
....
плита

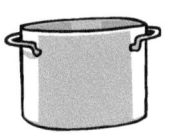

kokuo
....
горщик

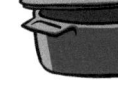

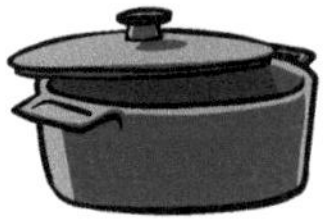

dadesɛn
....
чавунний горщик

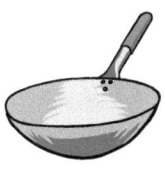

wok / kadai
....
вок / кадай

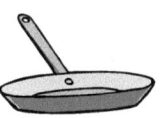

kyɛnsee
....
сковорода

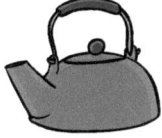

nsuo hyeɛ afidie
....
чайник

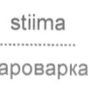

stiima

пароварка

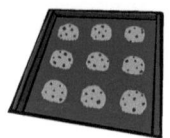

apa a yɛ to so adeɛ

лист

prɛte, kuruwa, ntere ne nea ɛkeka ho

посуд

kuruwa a etumi bɔ

кухоль

kyɛnsee

чаша

nnua a yɛde didi

палички для їжі

kwantre

черпак

dua atere

лопатка

yɛde nu adeɛ mu

вінчик для збивання

sɔneɛ

сито

fefe

сито

greta

терка

waduro

ступка

kyinkyinga

барбекю

bukyea

багаття

εpono a yε twitwaso adeε

дошка

εta

качалка

deε yεtu nsa so

штопор

konko

конзерва

deε yεde bue konko so

відкривачка

yεde sɔ kukuo mu

прихватки

sink

раковина

brɔhye

щітка

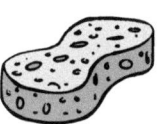

sapɔ

губка

aduane yam fidie

міксер

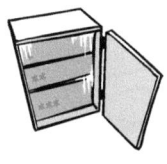

friza nini

морозильна камера

toa a abɔdoma nom ano

дитяча пляшка

paipo

кран

adwareɛ

ванна кімната

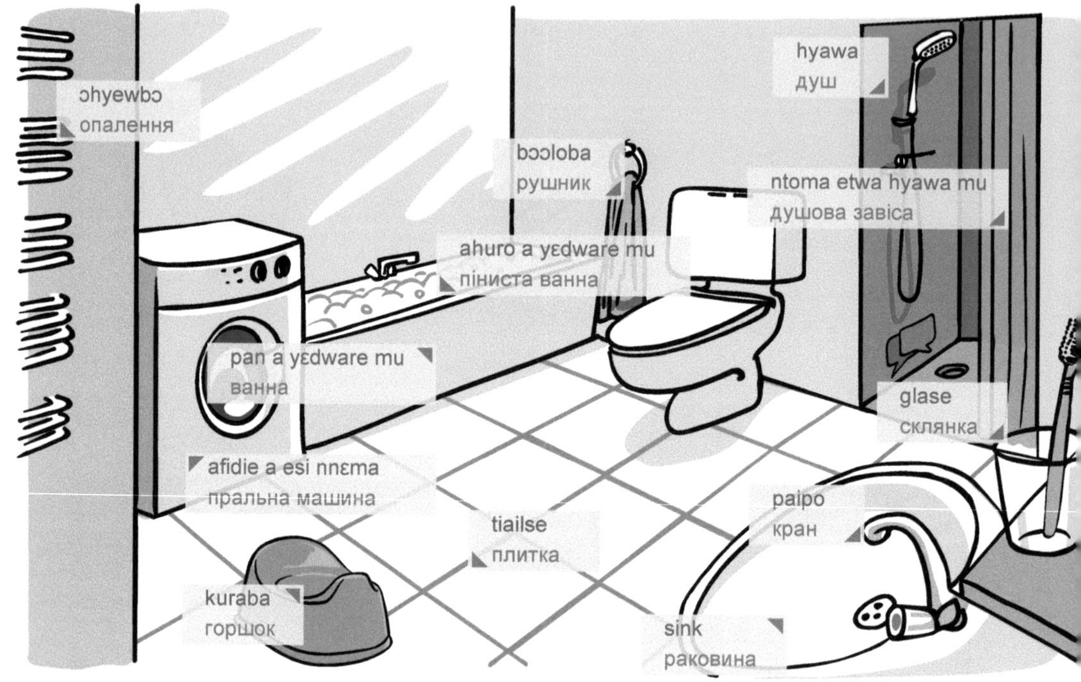

hyawa
душ

ɔhyewbɔ
опалення

bɔɔloba
рушник

ntoma etwa hyawa mu
душова завіса

ahuro a yɛdware mu
піниста ванна

pan a yɛdware mu
ванна

glase
склянка

afidie a esi nnɛma
пральна машина

paipo
кран

tiailse
плитка

kuraba
горшок

sink
раковина

teɛfi

туалет

teɛfi a yɛ koto so

підлоговий туалет

bidet teɛfi

біде

dwonsɔ dan

пісуар

teɛfi so krataa

туалетний папір

teɛfi so brɔhye

щітка для туалету

brɔhye a yɛde twitwiri see

зубна щітка

aduro a yɛde twitwiri see

зубна паста

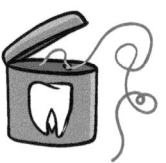

yɛde yiyi ɛsee mu

нитка для чищення зубів

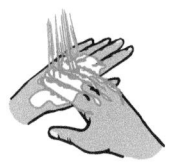

si

мити

hyawa a yɛsɔ mu

ручний душ

paipo a yɛde hohoro
ananmu

інтимний душ

bokiti

таз

brɔhye a wode dware w'akyi

щітка для спини

samena

мило

hyawa samena

гель для душу

nsuo samena

шампунь

flanɛl ntoma

мочалка

baabi a nsu fa pue

водостік

nku

крем

yɛde fefa amotoamu

дезодорант

ahwehwε

дзеркало

ahwehwε a yεɔ mu

косметичне дзеркало

bled

бритва

ahuro a yεde yi nwi

піна для гоління

aduro a yεde fefa baabi a
wo ayi nwi

лосьйон після гоління

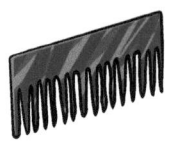

afen

гребінь

brɔhye

щітка

afidie a εwo nwi

фен

enwi sopre

лак для волосся

pɔns

косметика

lipstike

губна помада

penti a yεde mɔreε so

лак для нігтів

asaawa

вата

apasoɔ a etwa mmɔreε

ножиці для нігтів

aduhwam

парфум

adwareɛ baage

косметичка

edwa

табурет

skele

ваги

adwereɛ ataadeɛ

халат

rɔba a yɛde hyɛ nsa ho

гумові рукавички

tampon

тампон

abɛɛfo amonsen

гігієнічні прокладки

teɛfi a aduro gum

біотуалет

nkwadaa dan mu
дитяча кімната

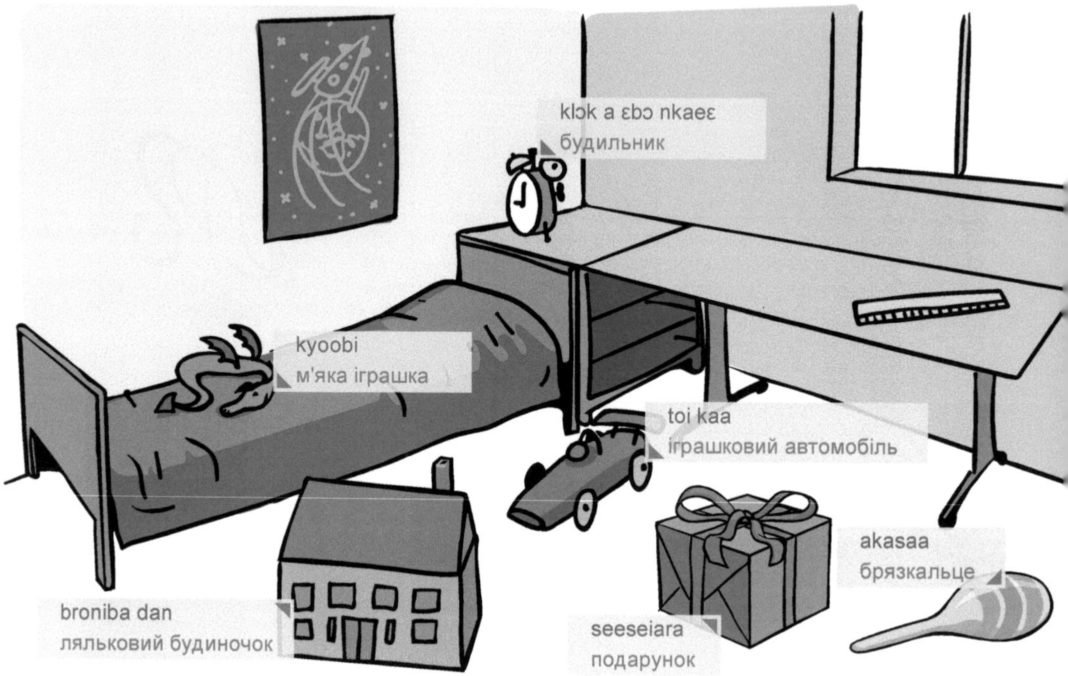

klɔk a ɛbɔ ɳkaeɛ
будильник

kyoobi
м'яка іграшка

toi kaa
іграшковий автомобіль

akasaa
брязкальце

broniba dan
ляльковий будиночок

seeseiara
подарунок

baaluu

повітряна кулька

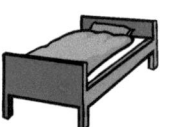

mpa

ліжко

nkwadaa kaa

дитячий візок

sopaa

картярська гра

gyiksɔɔ

пазл

nsɛnkwa

комікс

lego blɔg

лего цеглинки

blɔg a yɛde si dan

блоки

nnipa ɔbɔhye

іграшкова фігурка

abɔdoma ataadeɛ

повзунки

frisbee

фризбі

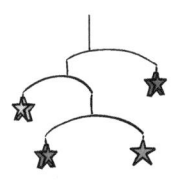

mobail

мобіле

ponoso agodie

настільна гра

daahye

кубик

nkwadaa keteke

модель залізнична станція

koliko

соска

apontoɔ

вечірка

nfonin nwoma

книжка з картинками

bɔɔlo

м'яч

broniba

лялька

di agorɔ

грати

anwea adaka

пісочниця

adonko

гойдалка

tois

іграшка

video agodie apaawa

гральна консоль

sakre a ne nan meɛnsa

триколісний велосипед

kyoobi

плюшевий мішка

wɔdropo

шафа

ntaadeɛ

одяг

sɔks

шкарпетки

stokens

панчохи

sekentait

колготки

duku
шарф

kyiniɛɛ
парасоля

bɛlɛtɛ
ремінь

t-hyɛɛt
футболка

mpaboa
чоботи

kyalewate
домашнє взуття

kamboo
кросівки

asopatre
сандалі

mpoboa
взуття

rɔba mpaboa
гумові чоботи

ɛtam
труси

bra
бюстгальтер

singlɛte
нижня сорочка

nipadua

боді

trɔsa

штани

gyins

джинси

sekɛɛt

спідниця

ɛsoro ataadeɛ

блузка

hyɛɛte

сорочка

nkatoho a ɛko awɔ

пуловер

hoodie

светр

koot

піджак

nkatasɔɔ

куртка

nkatasɔɔ

пальто

nsutɔ mu nkataho

дощовик

dwumadie bi ho ataadeɛ

костюм

mmaa atadeɛ

сукня

ayefrɔ ataadeɛ

весільна сукня

kootu

костюм

mmaa ataadeɛ a yɛde da

нічна сорочка

pigyamas ataadeɛ

піжама

sari

сарі

duku

головна хустка

abotire

чалма

burka

бурка

kaftan

кафтан

nkramofoɔ mmaa atadeɛ

абая

ataadeɛ a yɛde dware nsuo

купальник

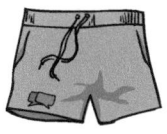

asenemu ataadeɛ

плавки

nika

шорти

agokansie ntaadeɛ

тренувальний костюм

akatasoɔ

фартух

nsa nkataho

рукавички

bɔtom

гудзик

sopɛɛse

окуляри

ahwneɛ

браслет

komadeɛ

ланцюг

kawa

кільце

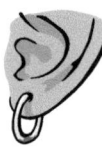

asomadeɛ

сережка

ɛkyɛ

шапка

yɛde koot sɛn so

плічка

ɛkyɛ

капелюх

abɔmene mu

краватка

zip

застібка-блискавка

ɛkyɛ denden

шолом

bresis

підтяжки

sukuu ataadeɛ

шкільна форма

adwuma ataadeɛ

уніформа

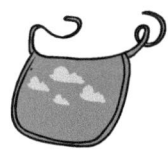

mmɔfra bib

нагрудник

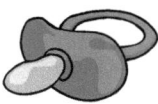

koliko

соска

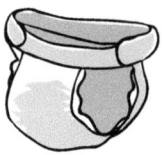

nkwadaa napken

підгузок

asoeɛ

офіс

sɛɛva
сервер
kabenɛt
шаф для документів
printa
принтер
krataa
папір
monita
монітор
Maws
миша
ɛpono a yɛyɛ so adwuma
письмовий стіл
nhyemu
папка
ntwerɛɛɛ pono
синтезатор
n a yɛde krataa nwura gu mu
к для паперу
akonwa
стілець
komputa
комп'ютер

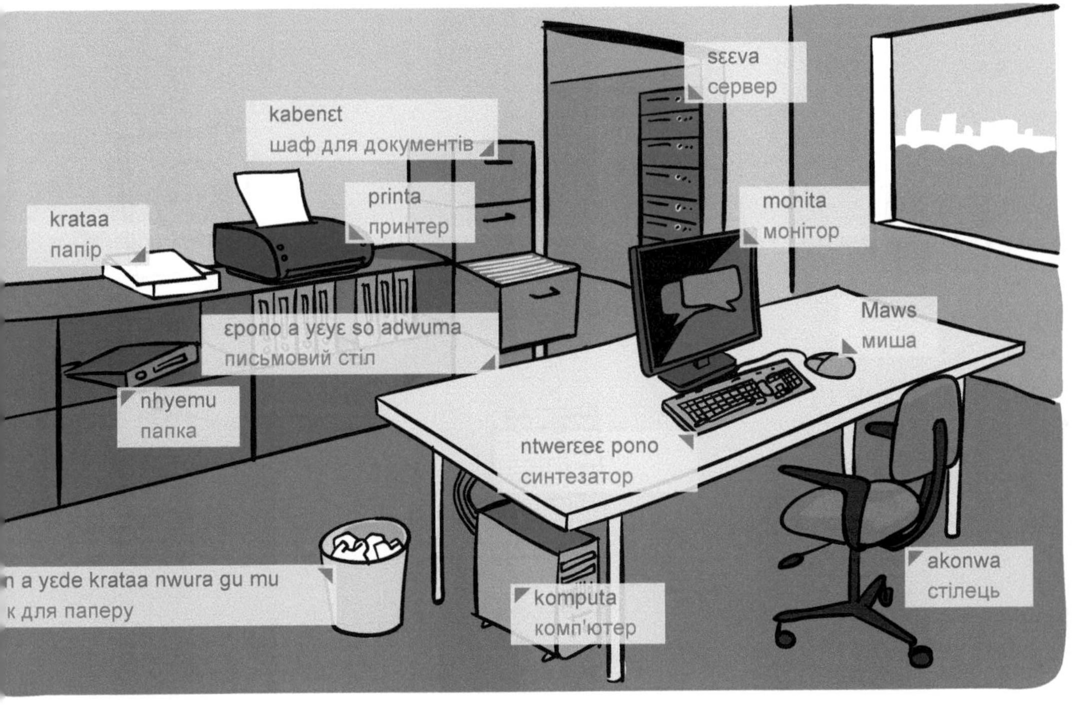

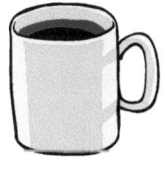

kɔfe kuruwa

кавовий кухоль

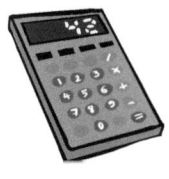

akontabuo fidie

калькулятор

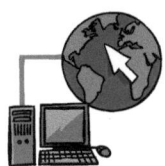

intanɛt

інтернет

laptop

ноутбук

lɛta

лист

nkratɔɔ

повідомлення

mobail kasafidie

мобільний телефон

nɛtwɛke

мережа

fotokɔpi

копіювальний пристрій

softwɛɛ

програмне забезпечення

tetefon

телефон

sɔkɛt

розетка

faks afidie

факс

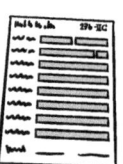

katraa

бланк

nkrataa

документ

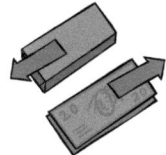

tɔ

купувати

tua

платити

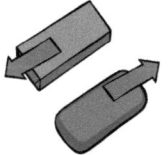

di dwa

торгувати

sika

гроші

USD

dollar

долар

EUR

euro

євро

JPY

yen

ієна

RUB

rubel

рубль

CHF

Swiss franks

франк

CNY

renminbi yuan

юанів женьміньбі

INR

rupii

рупія

baabi yɛtua sika

банкомат

baabi a yɛ sesa sika

обмінний пункт

sika kɔkɔɔ

золото

dwetɛ

срібло

now

нафта

ahoɔden

енергія

ne boɔ

ціна

kontragye

контракт

ɛtoɔ

податок

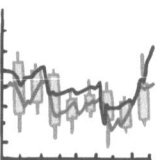

stɔk

акція

adwuma

працювати

adwumayɛni

працівник

adwumawura

роботодавець

mfididwuma mu

фабрика

sotɔɔ

магазин

nwuma ahodoɔ
професії

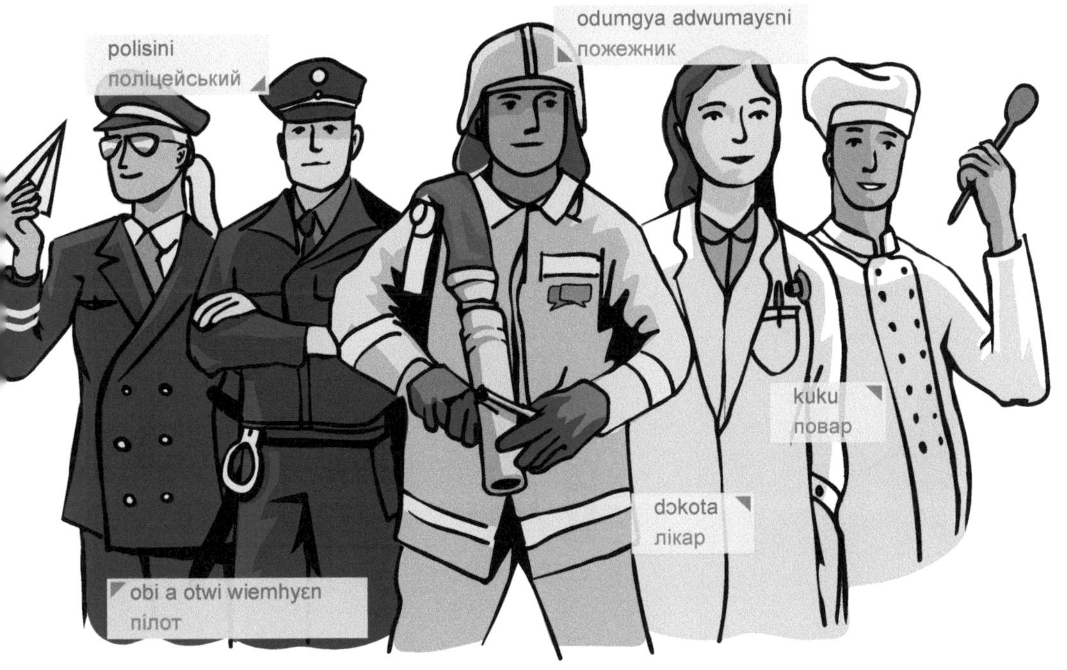
polisini
поліцейський
odumgya adwumayɛni
пожежник
kuku
повар
dɔkota
лікар
obi a otwi wiemhyɛn
пілот

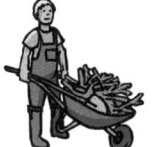

ɔyɛ afuo

садівник

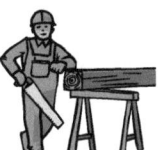

dua dwomfoɔ

столяр

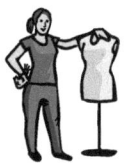

adepani baa

швачка

atɛnmuafoɔ

суддя

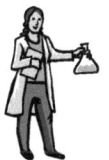

ɔtɔn nnuro

хімік

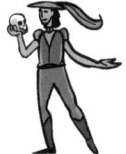

sini yɛfoɔ

актор

bɔs drɔba

водій автобуса

taisi drɔba

таксист

ɔpofoɔ

рибалка

ɔbaa a osiesie fie

прибиральниця

ɔbɔdanso

покрівельник

ɔsom adidieɛ

офіціант

bɔmɔfoɔ

мисливець

penta

художник

ɔto paano

пекар

ɔyɛ nkaneɛ ho adwuma

електрик

ɔdansifoɔ

будівельник

inginia

інженер

ɔdwa nam

забійник

plɔmba

бляхар

krataa manefoɔ

листоноша

sogyani

солдат

ɔdwi adan

архітектор

ɔgyegye sika

касир

ɔtɔn nhwiren

флорист

ɔyɛ tire

перукар

meeti

кондуктор

fitani

механік

nnipa a otwi suhyɛn

капітан

ɛsee dɔkota

дантист

abɔdeɛ mu nimdefoɔ

вчений

rabi

рабин

kramo panin

імам

ɔsɔfo

монах

osɔfo

пастор

anwenade
інструменти

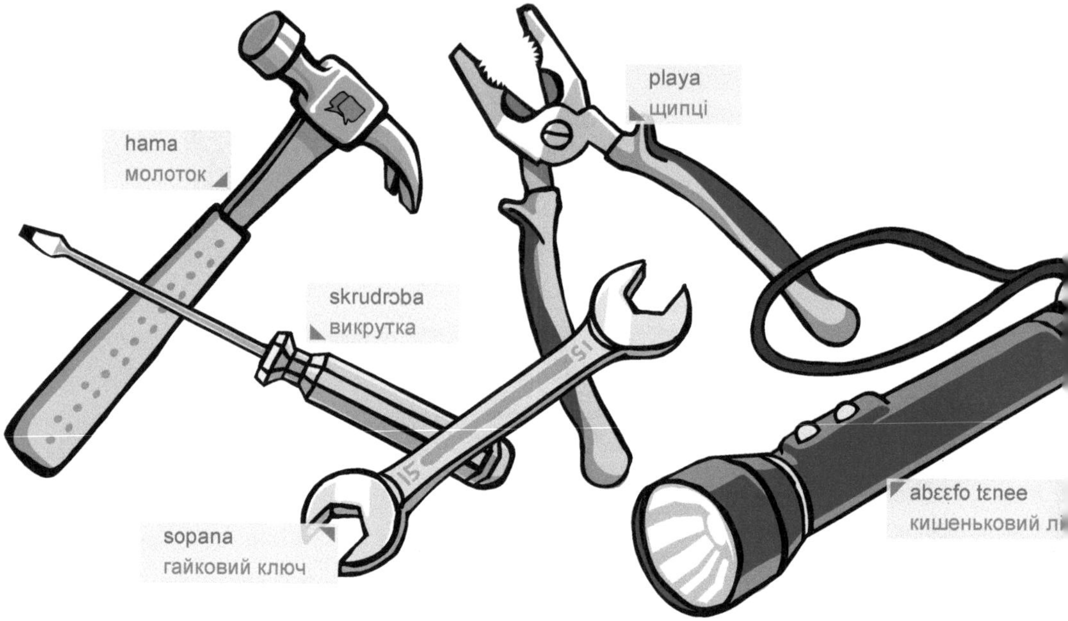

hama
молоток
playa
щипці
skrudrɔba
викрутка
sopana
гайковий ключ
abɛɛfo tɛnee
кишеньковий лі

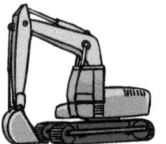

otu amena

екскаватор

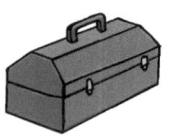

anwenade adaka

ящик для інструментів

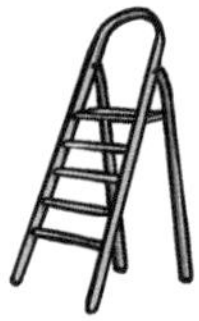

atwedeɛ

драбина

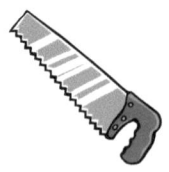

asradaa

пилка

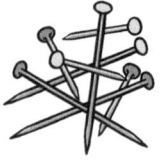

nnadewa

цвяхи

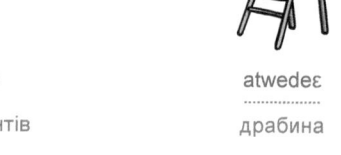

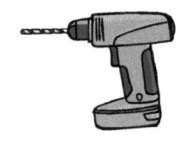

afidie a yɛde bɔne tokro

свердло

siesie

ремонтувати

sofi

лопата

Ebei!

лайно!

asanwura

совок

penti kukuo

відро з фарбою

skruu

гвинти

nneɛma a yɛde bɔ nwom
музичні інструменти

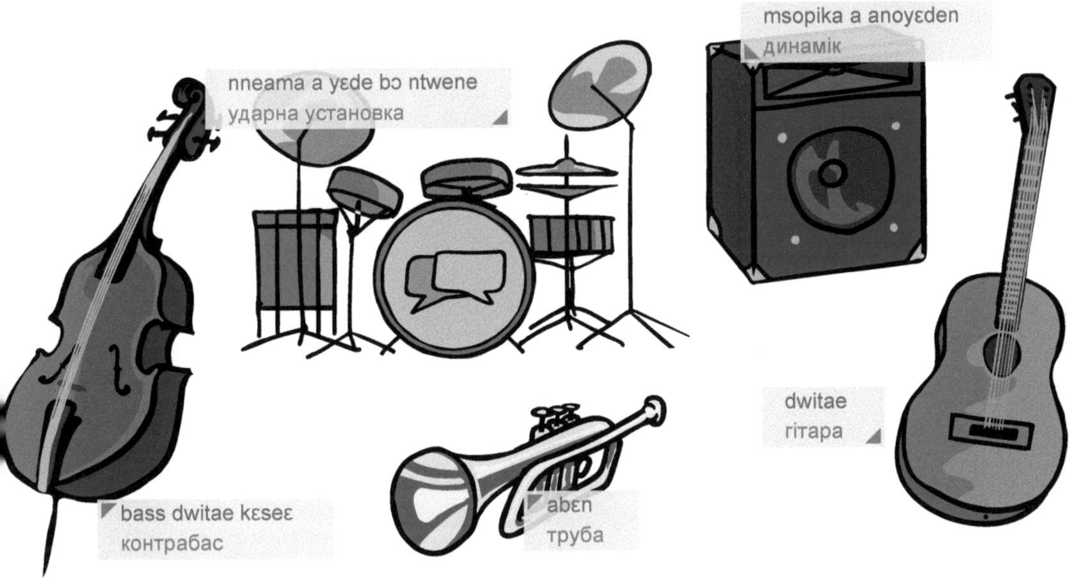

nneama a yɛde bɔ ntwene
ударна установка

msopika a anoyɛden
динамік

dwitae
гітара

bass dwitae kɛseɛ
контрабас

abɛn
труба

sankuo

фортепіано

ahoma sankuo

скрипка

bass dwitae

бас

atumpan

литаври

ntwene

барабан

ntwerɛeɛ apa

клавіатура

saksofon

саксофон

atentenbɛn

флейта

maikrofon

мікрофон

sεcɔɜ
тигр

εponɔ ano
вхід

mmoa dan
клітка

zebra
зебра

mmoa aduane
корм

panda
панда

mmoa

тварини

ɔsono

слон

kangaru

кенгуру

raino

носоріг

akatea

горила

sisire

ведмідь

afunuponko

верблюд

sohori

страус

gyata

лев

adwee

мавпа

flamingo

фламінго

ako

папуга

awɔ mu sisire

білий ведмідь

penguin

пінгвін

oboodede

акула

akɔkonini abankwa

павич

wɔwɔ

змія

dɛnkyɛm

крокодил

nnipa ɛhwɛ zoo so

працівник зоопарку

nsuo mu gyata

тюлень

sebɔ

ягуар

pɔnkɔ ba

поні

etwie

леопард

susuono

гіпопотам

kɔntenten

жираф

ɔkɔdeɛ

орел

kɔkɔte

кабан

apataa

риба

sudandan

черепаха

walrus

морж

sakraman

лисиця

ɔtwee

газель

Amerikafɔɔ futbɔɔlo
американський футбол

skre twie
їзда на велосипеді

tennis
теніс

basketbɔɔlo
баскетбол

nsuom adwareɛ
плавання

akutruku
бокс

asukɔkyea so hɔki
хокей

futbɔl
футбол

badmintin
бадмінтон

mirikatuo
легка атлетика

bɔɔlo a yɛde nsa bɔ
гандбол

skii
лижні перегони

polo
поло

sere
сміятися

huri
стрибати

bam
обіймати

nante
йти

to dwom
співати

so daeɛ
мріяти

bɔ mpaeɛ
молитися

fe ano
цілувати

twerɛ
писати

dwi
малювати

kyerɛ
показувати

pia
тиснути

ma
давати

fa
брати

nya

мати

yɛ

робити

yɛ

бути

gyina

стояти

tu mirika

бігати

twe

тягнути

to

кидати

tɔ fam

падати

da hɔ

лежати

twɛn

очікувати

soa

носити

tenase

сидіти

hyɛ ataadeɛ

одягати

da

спати

nyane

просипатися

hwɛ

дивитися

su

плакати

san ho

гладити

nunum

розчісувати

kasa

розмовляти

te aseɛ

розуміти

bisa

питати

tie

слухати

nom

пити

didi

їсти

yɛ nsiesie

прибирати

ɔdɔ

любити

noa

варити

twi

їхати

tu

літати

fa nsuo so

йти під вітрилом

sese

рахувати

kenkan

читати

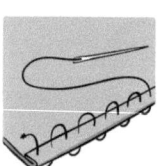

sua

вчитися

adwuma

працювати

ware

одружуватися

pam

шити

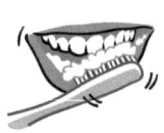

twitwiri wo se

чистити зуби

kum

убивати

nom gyɔt

курити

mane

посилати

abusua
сім'я

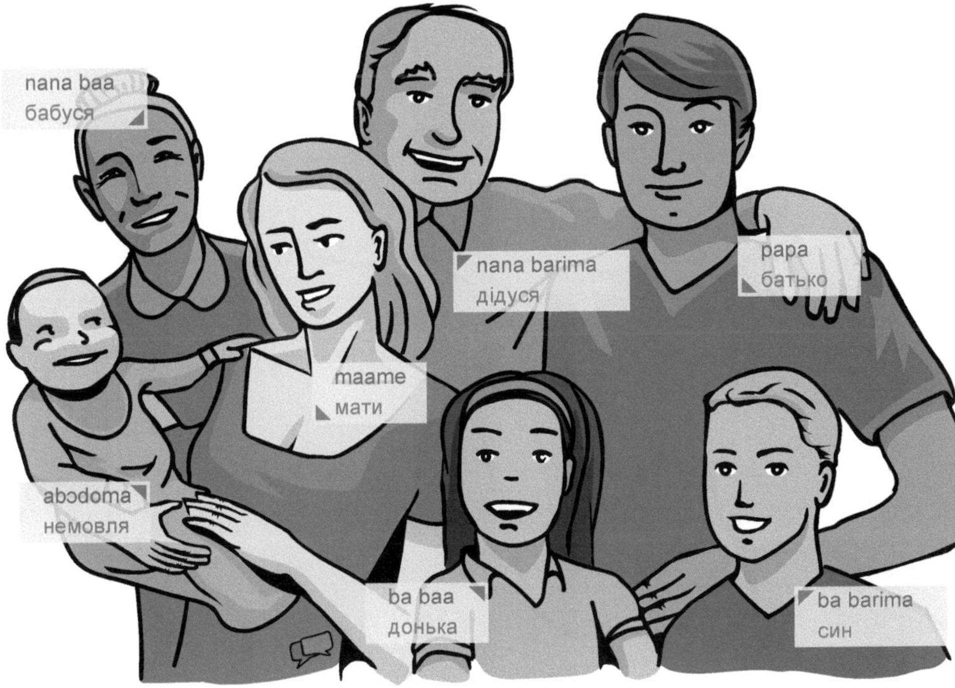
nana baa
бабуся
nana barima
дідуся
papa
батько
maame
мати
abɔdoma
немовля
ba baa
донька
ba barima
син

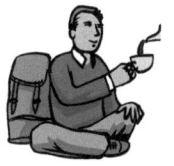

ɔhɔhoɔ
гість

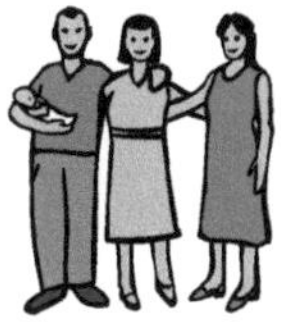
sewaa
тітка

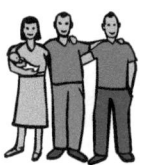

wɔfa
дядько

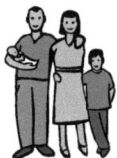

nua barima
брат

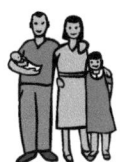

nua baa
сестра

nipadua

тіло

moma
чоло
ani
око
anim
обличчя
apantan
підборіддя
nufoɔ
груди
nsatea
палець
nsa
кисть
nsa
рука
abɛtire
плече
ɛnan
нога

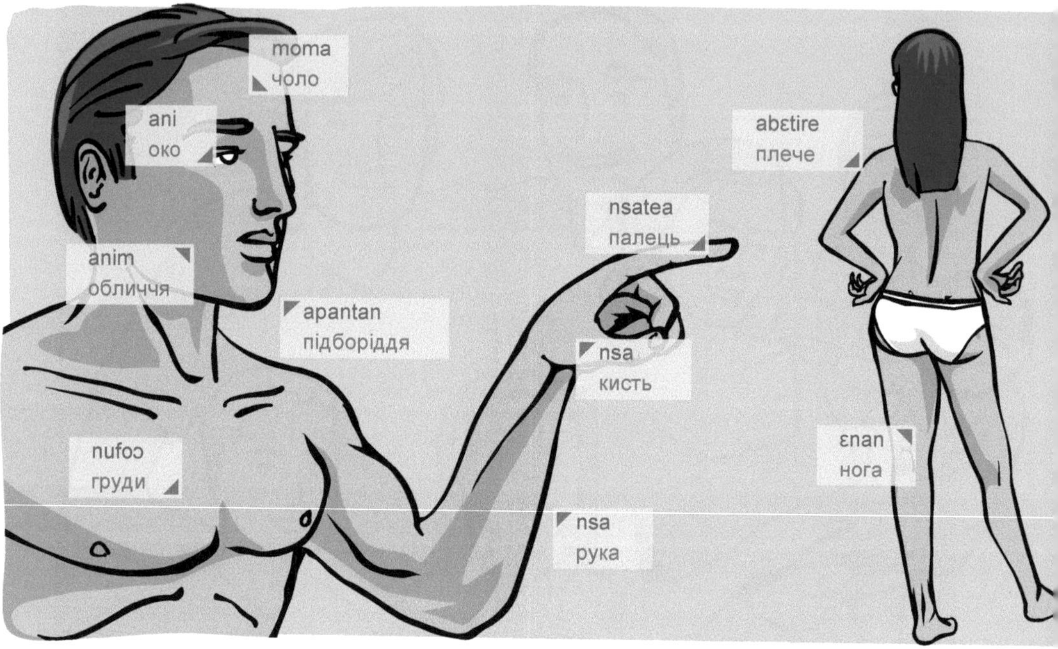

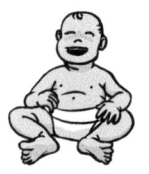

abɔdoma
....
немовля

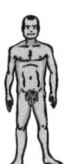

barima
....
чоловік

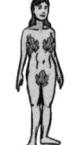

ɔbaa
....
жінка

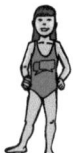

abayewa
....
дівчина

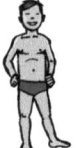

abarimawa
....
хлопчик

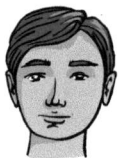

etire
....
голова

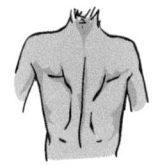

akyi

спина

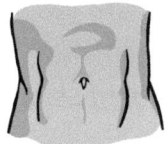

afro

живіт

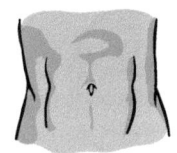

fruma

пуп

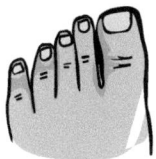

nansoa

палець ноги

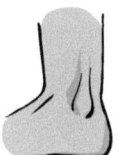

nantini

п'ята

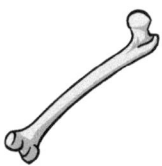

dompe

кістка

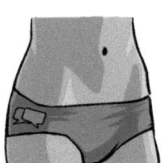

ataasɔ

стегно

kotodwe

коліно

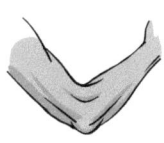

abatwɛ

лікоть

ɛhwene

ніс

ɛtoɔ

сідниці

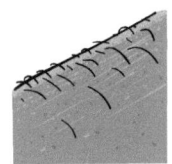

wedeɛ

шкіра

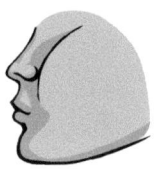

afono

щока

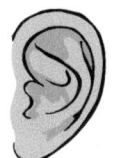

aso

вухо

ano

губа

anom

рот

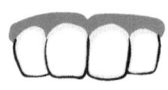

ɛsee

зуб

tɛkyerɛma

язик

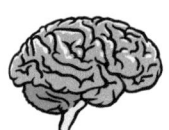

adwene

мозок

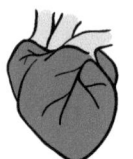

akoma

серце

ntini

м'яз

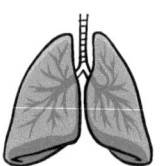

aharawa

легені

brɛbɔɔ

печінка

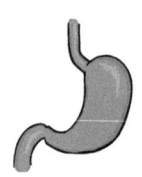

yafunu

шлунок

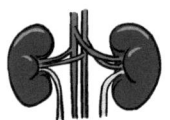

asaa

нирки

nna

статевий акт

kɔndɔm

презерватив

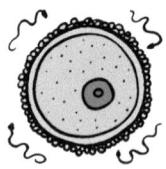

ɔbaa nkosua

яйцеклітина

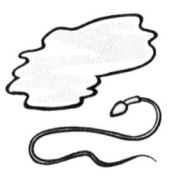

barima ho nsuo

сперма

nyinsɛn

вагітність

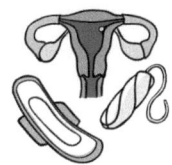

nsabuo

менструація

ɛtwɛ

вагіна

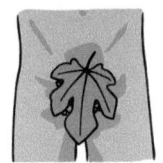

kɔteɛ

пеніс

anintɔn

брова

enwin

волосся

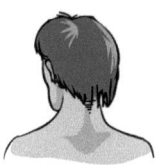

ɛkɔn

шия

ayaresabea
лікарня

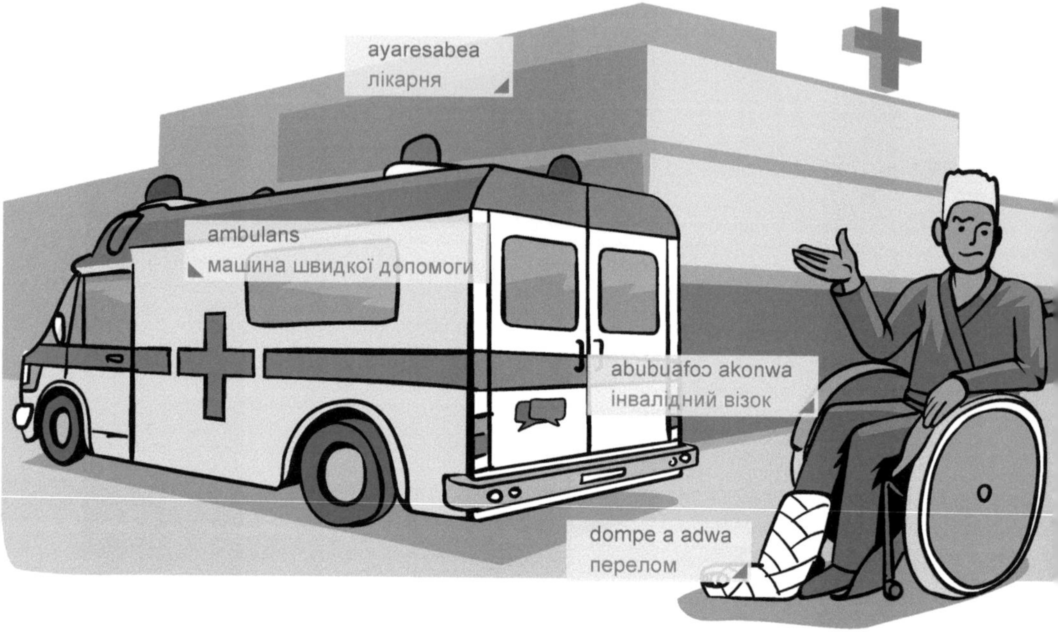

ayaresabea
лікарня
ambulans
машина швидкої допомоги
abubuafoɔ akonwa
інвалідний візок
dompe a adwa
перелом

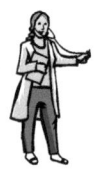

dɔkota

лікар

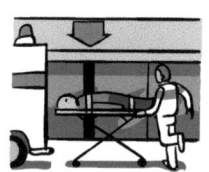

ɛdan a wɔde putupru nsɛm kɔmu

відділення швидкої медичної допомоги

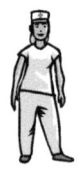

nɛɛse

медсестра

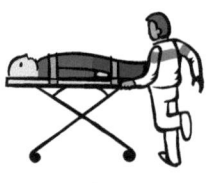

putupru

аварійний випадок

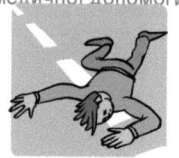

wɔ atwa ahwe

непритомний

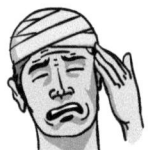

yea

біль

epira

травма

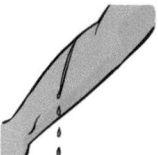

mogyatuo

кровотеча

akoma yarenini

інфаркт

stroke yareɛ

інсульт

allegyi

алергія

ɛwa

кашель

ahoɔhyeɛ

лихоманка

papu

грип

ayamtuo

пронос

tipaeɛ

головна біль

kokoram

рак

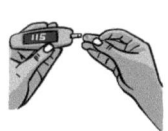

asikyire yareɛ

діабет

dɔkota a ɛyɛ oprehyɛn

хірург

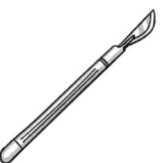

skapɛl sekan

скальпель

aprehyɛn

операція

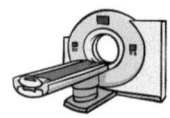

CT

KT

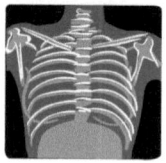

x-ray

рентген

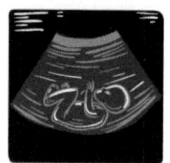

ultrasound

ультразвук

nkatanim

маска

yareɛ

хвороба

ɛdan a wɔ twɛn mu

зал очікування

krɔhyes

милиця

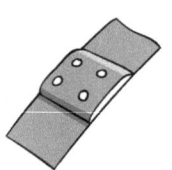

plasta

пластир

banege

пов'язка

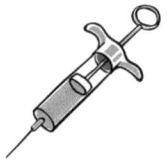

paneɛ

ін'єкція

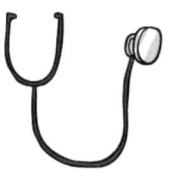

Stetoskop

стетоскоп

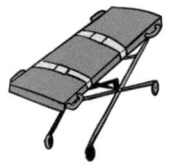

ahomankaa

ноші

afidie a esusu ahoɔhyeɛ

термометр

awoɔ

народження

kɛseɛ mmorosoɔ

надмірна вага

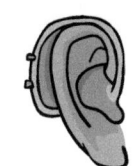

afidie a ɛboa asɛmtie

слуховий апарат

aduro a ekum mmoawa

дезінфікуючий засіб

yareɛ a mmoawa deba

інфекція

vaarɔs

вірус

HIV / AIDS

ВІЛ / СНІД

aduro

медицина

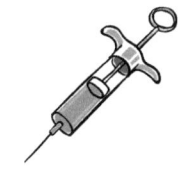

aduro a esi yareɛ ano

вакцинація

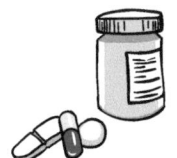

aduro tablɛte

таблетки

topaeɛ

протизаплідна пігулка

ɔfrɛ wɔ putupru so

екстрений виклик

afidie a esusu mogya
mmrosoɔ

тонометр

yareɛ / apomuden

хворий / здоровий

Boa me!

Допоможіть!

kɔkɔbɔ

сигнал тривоги

ɛborɔ

напад

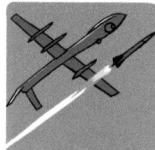

ato ahyɛ obi so

атака

ɛyɛ hu

небезпека

baabi a yɛfa de pue putupru so

аварійний вихід

Ogya!

Вогонь!

afidie a yɛde dumgya

вогнегасник

nkwanhyia

аварія

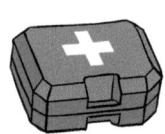

nneɛma yɛde sɔ yareɛ ano

аптечка

SOS

СОС

polisi

поліція

Yuropo

Європа

Amerika atifi

Північна Америка

Amerika ananfɔɔ

Південна Америка

Abiberm

Африка

Asia

Азія

Australia

Австралія

Atlantik

Атлантика

Pasifek

Тихий океан

India po kɛseɛ

Індійський океан

Antaatek po keseɛ

Антарктичний океан

Aatek po kɛseɛ

Північний Льодовитий
океан

Ewiase atifi

Північний полюс

Ewiase anaafoɔ

Південний полюс

Antaatek

Антарктика

Ewiase

Земля

asaase

суша

ɛpo

море

supɔ

острів

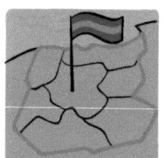

ɔman

нація

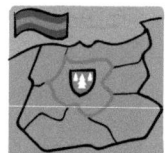

ɔman

держава

klɔko no anim

циферблат

dɔnhwere nsa no

годинникова стрілка

sima nsa

хвилинна стрілка

anitɛtɛ nsa no

секундна стрілка

Abɔ sɛn?

Котра година?

da

день

berɛ

час

seeseiara

зараз

wkye a nɔma wɔ so

цифровий годинник

sima

хвилина

dɔnhwere

година

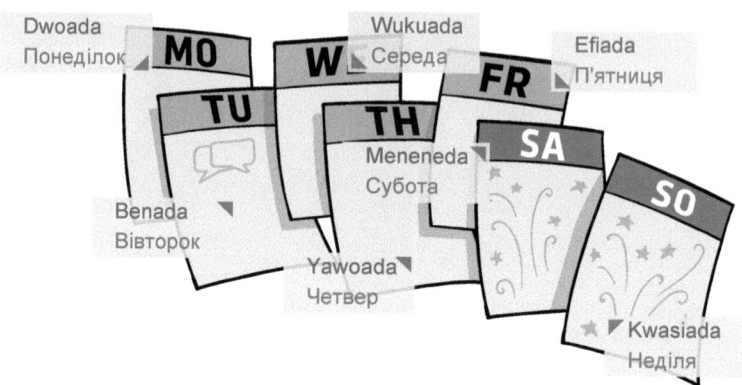

Dwoada / Понеділок

Wukuada / Середа

Efiada / П'ятниця

Benada / Вівторок

Meneneda / Субота

Yawoada / Четвер

Kwasiada / Неділя

ɛnora

вчора

ɛnora

сьогодні

ɔkyina

завтра

anɔpa

ранок

prɛmtobrɛ

опівдні

anwumerɛ

вечір

adwuma nna

робочі дні

nnawɔtwe awieɛ

кінець робочого тижня

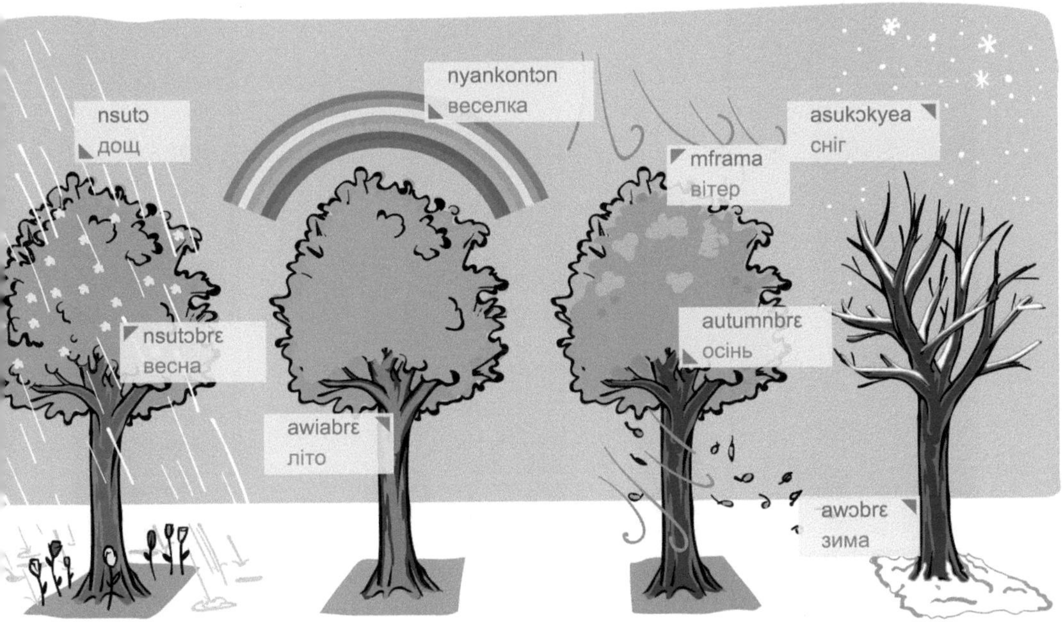

nsutɔ
дощ
nyankontɔn
веселка
mframa
вітер
asukɔkyea
сніг
nsutɔbrɛ
весна
awiabrɛ
літо
autumnbrɛ
осінь
awɔbrɛ
зима

4.APRIL 11°
5.APRIL 4°
6.APRIL 13°
7.APRIL 8°
8.APRIL 10°

ewiem nsakrɛɛɛ

прогноз погоди

F
C
120
90
60
30
0
-30
40
30
20
10
0
-10
-20

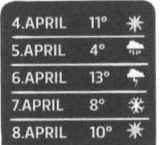

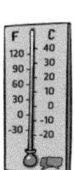

afidie a esusu ade ho hyeɛ

термометр

awiabɔ

сонячне світло

munukum

хмара

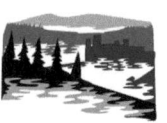

ɛbɔ

туман

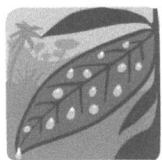

ewiem nsuo

вологість повітря

ayerɛmo

блискавка

apranaa

грім

ehum

шторм

asukɔkyea

град

monsoonbrɛ

мусон

nsuyiri

повінь

aise

лід

ɔpɛpɔn

Січень

ɔgyefoɔ

Лютий

ɔbɛnem

Березень

Oforisuo

Квітень

Kotonimaa

Травень

Ayɛwohomumu

Червень

Kitawonsa

Липень

ɔsanaa

Серпень

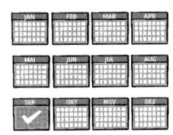

εbɔ
....
Вересень

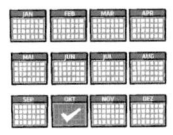

Ahinime
....
Жовтень

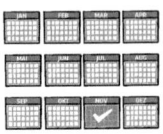

Obubuo
....
Листопад

ɔpɛnimaa
....
Грудень

abosuo
форми

kanko
....
круг

sokwεε
....
квадрат

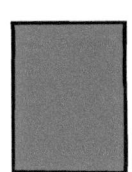

rεktangel
....
прямокутник

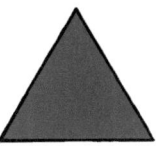

triangel
....
трикутник

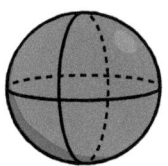

krukruwa
....
куля

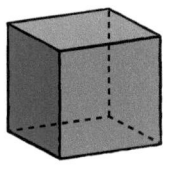

adaka
....
куб

fitaa

білий

akokɔ sradeɛ

жовтий

ankaa

помаранчевий

pink

рожевий

kɔkɔɔ

червоний

pɛpol

фіолетовий

bruu

синій

ahaban mono

зелений

braun

коричневий

nson

сірий

tuntum

чорний

pii / ketewa

багато / мало

wo boafu / wɔ adwo

лютий / мирний

ɛyɛ fɛ / ɛyɛ tan

гарний / бридкий

ahyɛseɛ / awieɛ

початок / кінець

kɛseɛ / esua

великий / малий

ɛha / esum

світлий / темний

nuabarima / nuabaa

брат / сестра

ɛho te / ayɛ fin

чистий / брудний

awie / enwieɛ

завершений /
незавершений

awia / anadwo

день / ніч

awu / ɛte ase

мертвий / живий

emubae / ɛyɛ tea

широкий / вузький

yɛde /yɛnni

їстівний / неїстівний

bɔne / tema

злий / дружній

wɔ aniagye / wɔ ani nka

збуджений / нудьгуючий

ɔso / teatea

товстий / тонкий

edikan / etwatɔɔ

спочатку / востаннє

adamfoɔ / atamfo

друг / ворог

ayɛ mma / hwee nim

повний / порожній

ɛdenden / mmerɛ mmerɛ

жорсткий / м'який

ɛyɛ duru / ɛyɛ ha

важкий / легкий

ɛkɔm / nsukɔm

голод / спрага

yareɛ / apomuden

хворий / здоровий

etia mmara / ɛwɔ mmara mu

незаконний / законний

nyansa / gyimi

розумний / дурний

benkum / nifa

вліво / вправо

ɛbɛn / akyire

поруч / далеко

foforɔ / dada

новий / використаний

hwee / biribi

нічого / щось

wɔ anyini/ ɔsua

старий / молодий

sɔ /dum

вкл / викл

bue / tom

відкрито / закрито

dinn / dede

тихо / гучно

ɔdefoɔ / ohia

багатий / бідний

nifa / benkum

правильно / неправильно

werewerɛwerewerɛ / trontron

шорсткий / гладкий

awerɛhoɔ / anigyeɛ

сумний / щасливий

tietia / tenten

короткий / довгий

nyaa / ntɛm

повільно / швидко

afɔ / awo

вологий / сухий

dedɛɛdeɛɛ / adwo

гарячий / холодний

akoo / asomdweɛ

війна / мир

0

hwee

нуль

1

baako

один

2

mienu

два

3

meɛnsa

три

4

ɛnan

чотири

5

enum

п'ять

6

nsia

шість

7

nson

сім

8

nwɔtwe

вісім

9

nkron

дев'ять

10

edu

десять

11

du-baako

одинадцять

12
du-mienu
дванадцять

13
du-meɛnsa
тринадцять

14
du-nan
чотирнадцять

15
du-num
п'ятнадцять

16
du-nsia
шістнадцять

17
de-nson
сімнадцять

18
du-nwɔtwe
вісімнадцять

19
du-nkron
дев'ятнадцять

20
aduonu
двадцять

100
ɔha
сто

1.000
apem
тисяча

1.000.000
ɔperem
мільйон

Brɔfo

англійська

Amerikafoɔ Brɔfo

американська англійська

Chainfoɔ Mandarin

китайська
високочиновницька

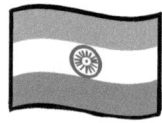

Hindi

хінді

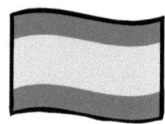

Spainfoɔ kasa

іспанська

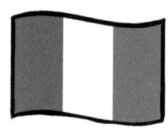

French kasa

французька

Arabia kasa

арабська

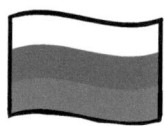

Russianfoɔ kasa

російська

Portugalfoɔ kasa

португальська

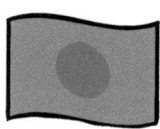

Bengali

бенгальська

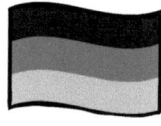

Germanfoɔ kasa

німецька

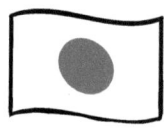

Japanfoɔ kasa

японська

Me

я

wo

ти

opo

він / вона / воно

yɛn

ми

wo

ви

ɔmmo

вони

hwan?

хто?

deɛ bɛn?

що?

ɛyɛ deen?

як?

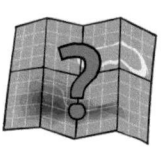

ehen?

де?

dabɛn?

коли?

edin

ім'я

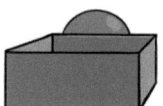

akyire

ззаду

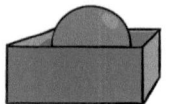

emu

в

anim

перед

εsoro

над

εso

на

aseε

під

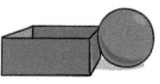

nkyεn

біля

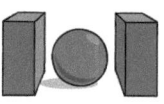

ntεm

між

beaε

місце